数学泰斗——祖冲之

◎ 主编 金开诚

◎ 编著 郭 蕊

吉林出版集团有限责任公司

吉林文史出版社

图书在版编目（CIP）数据

数学泰斗——祖冲之 / 郭蕊编著. —长春：
吉林出版集团有限责任公司：吉林文史出版社，2010.11（2023.4重印）
ISBN 978-7-5463-4104-0

Ⅰ. ①数… Ⅱ. ①郭… Ⅲ. ①祖冲之（429～500）—
传记 Ⅳ. ①K826.11

中国版本图书馆CIP数据核字（2010）第222262号

数学泰斗——祖冲之

SHUXUETAIDOU ZUCHONGZHI

主编/ 金开诚　编著/郭　蕊

项目负责/崔博华　责任编辑/崔博华　刘姝君

责任校对/刘姝君　装帧设计/柳甫泽　王丽洁

出版发行/吉林出版集团有限责任公司　吉林文史出版社

地址/长春市福祉大路5788号　邮编/130000

印刷/天津市天玺印务有限公司

版次/2010年11月第1版　印次/2023年4月第5次印刷

开本/660mm×915mm　1/16

印张/9　字数/30千

书号/ISBN 978-7-5463-4104-0

定价/34.80元

前　言

　　文化是一种社会现象，是人类物质文明和精神文明有机融合的产物；同时又是一种历史现象，是社会的历史沉积。当今世界，随着经济全球化进程的加快，人们也越来越重视本民族的文化。我们只有加强对本民族文化的继承和创新，才能更好地弘扬民族精神，增强民族凝聚力。历史经验告诉我们，任何一个民族要想屹立于世界民族之林，必须具有自尊、自信、自强的民族意识。文化是维系一个民族生存和发展的强大动力。一个民族的存在依赖文化，文化的解体就是一个民族的消亡。

　　随着我国综合国力的日益强大，广大民众对重塑民族自尊心和自豪感的愿望日益迫切。作为民族大家庭中的一员，将源远流长、博大精深的中国文化继承并传播给广大群众，特别是青年一代，是我们出版人义不容辞的责任。

　　本套丛书是由吉林文史出版社和吉林出版集团有限责任公司组织国内知名专家学者编写的一套旨在传播中华五千年优秀传统文化，提高全民文化修养的大型知识读本。该书在深入挖掘和整理中华优秀传统文化成果的同时，结合社会发展，注入了时代精神。书中优美生动的文字、简明通俗的语言、图文并茂的形式，把中国文化中的物态文化、制度文化、行为文化、精神文化等知识要点全面展示给读者。点点滴滴的文化知识仿佛颗颗繁星，组成了灿烂辉煌的中国文化的天穹。

　　希望本书能为弘扬中华五千年优秀传统文化、增强各民族团结、构建社会主义和谐社会尽一份绵薄之力，也坚信我们的中华民族一定能够早日实现伟大复兴！

目录

一、祖冲之的生平简史

祖冲之是我国南北朝时期南朝的一位非常杰出的科学家。他在数学、天文、历法、机械制造、文学、音乐等方面都取得了举世瞩目的成就，为我国优秀的历史遗产和丰富的文化典籍，增添了绚丽的光彩。他在各领域的贡献，尤其是数学方面，在世界科学史上也占有显著的地位。他的一系列重大成就的取得，是跟他的大胆改革、敢于实践、治学态度严谨与刻苦钻研精神分不开的。他恪守

决不"虚推古人"，而要"搜炼古今"的信念，这种信念成为了他敢于攀登科学顶峰的精神力量。

（一）时势与家世

祖冲之，字文远，祖籍范阳（今河北省涞水县），他生于公元429年，卒于公元500年，享年72岁。

西晋末年，中原战乱，大批流民南迁，史载："洛京倾覆，中州士女避乱江左者十六七。"祖冲之的先祖在这一时期迁至江南。公元 317 年，西晋王室琅琊王司马睿在建康（今江苏省南京市）称帝，国号晋，史称东晋。从公元 420 年东晋灭亡到公元 589 年隋朝统一全国的一百七十年间，我国历史上形成了南北对立的局面，这一时期称作南北朝。南朝从公元 420 年东晋大将刘裕夺取帝位，建立宋政权开始，经历了宋、齐、梁、陈四个朝代。同南朝对峙的是北朝，北朝经历了北魏、东魏、西魏、北齐、北周等朝代。

祖冲之生活在南朝的宋（公元 420—479 年）、齐（公元 479—502 年）两个朝代。宋、齐地处长江中下游，都城建康。西汉以前，这一带经济比较落后。东汉时期，长江流域的经济已经表现出上升的趋势。到三国时期，人口不断增加，经济有了进一步的发展。西晋末年以来，因为北方各民族统治者互相混战，黄河流域一带的社会经济遭到严重摧残，人民生活没有保障，所以北方的居民便大批向南

迁移，这样促使长江流域的经济更加成熟。

南朝的刘宋统治时期，为了巩固自己的统治地位，在政治和军事上采取了一些积极的改革措施，建立了一个相对稳固的封建王朝。特别是初期的二三十年间，社会比较安定，这对于长江流域一带经济和文化的发展，是非常有利的。广大劳动人民大兴水利，发展农业生产，手工业也分外活跃。发展主要体现在三个方面：炼钢、造纸和陶瓷。在炼钢方面，炼钢专家綦毋怀文发明了灌钢法，把生铁和熟铁浇灌在一起，炼成钢。在造纸方面，不仅造出精美的纸张，而且能大批量地生产，纸完全替代了竹、帛，被

广泛应用于社会。在陶瓷方面，精美的青瓷出现在制瓷作坊里，刘宋的都城建康成了全国最主要的商业城市。

农业和手工业的快速发展推动了科学技术的进步，这一时期涌现出一大批著名的科学家，祖冲之便是其中非常杰出的人物之一。他的科技发明是经济发展的产物，是社会进步的明证。

范阳祖氏是当时的低级士族，在门阀士族统治的南朝时代，其社会地位是不高的。但是，祖家有世代钻研学习的

传统。祖冲之的先祖中，最早被载入史籍的是他的曾祖父祖台之，字元辰，东晋时官至侍中、光禄大夫。桓玄辅政时，曾受命弹劾中书侍郎范泰及前司徒左长史王准之、辅国将军司马殉之"居丧无礼"，致使范泰等罢官离职。祖台之还是一个文学爱好者，撰有《志怪》二卷流行于当世，《隋书·经籍志》将它收在史部《杂传》中。祖父祖昌善于发明创造，在朝廷内担任过大匠卿，这是一个管理土木修建工程的官。父亲祖朔之任奉朝请，是皇帝的侍从官员，跟随在皇帝左右，以备向皇帝提出解决问题的建议。另外，据《隋书》记载，祖家世代掌管历法。祖冲之出生在这样一个家庭里，从小便对天文学和数学产生了浓厚兴趣。他虽没有受过名师指教，但凭着他的聪明和勤奋，博览群书，尤其是前人关于天文、数学等方面的著述，他都广泛搜罗，认真阅读。还未成年，便以"少稽古，有机思"令当时的人们刮目相看。另一方面，他又决不"虚推古人"，决不把自己束缚在陈腐的典籍文献之中，而是进行了精密的测量和仔细的推算，像他自己所说的那样，每每"亲量圭尺，躬察仪漏，目尽毫厘，心穷筹策"。祖冲之这种敢于对前一代的科学遗产取其精华，去其糟粕，敢于怀疑古人陈腐学说，敢于推翻前人的错误结论的高贵品质，是值得后人学习的。

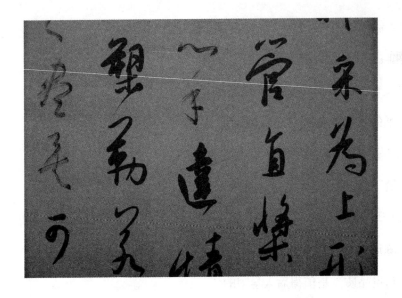

（二）科研之途

早在青年时代，祖冲之就以好学深思、敢于创新闻名于世。南北朝时期的宋下设有华林学省的机关，专门从事科学技术研究。刘宋统治者鉴于祖冲之博学的名气，将其安置在华林学省，从事学术研究工作。因其成绩出色，被朝廷省赐宅宇车服"。

南北朝宋大明五年（公元461年），

皇族刘子鸾被任命为南徐州刺史。祖冲之也被派在刘子鸾手下做一个小官——从事史。南徐州包括现在山东南部、江苏西部和安徽的一部分，行政中心在京口（今江苏省镇江市），离南朝首都建康很近。不久，刘子鸾在朝廷里兼任管理民政的长官——司徒，于是祖冲之又在司徒府做名为公府参军的小官。做州的从事史和司徒府的公府参军，这是祖冲之仕途的开始。

此间，祖冲之虽离开华林学省，又担任繁杂琐碎的行政工作，但他并没有放松科学研究。他努力搜集前人的天文历法和数学作品进行认真的研究。如其所说，"搜炼古今，博采沈奥。唐篇夏典，

莫不揆量。周正汉朔，咸加核验。罄策筹之思，究疏密之辨"。对张衡的天文、数学著作，东汉末刘洪的《乾象历》和三国时杨伟的《景初历》等等都进行了研究，"撰正众谬"。祖冲之对前人的著作和观点是批判地继承。如东汉初班固所写的《汉书》中提到了六种古代的历法，即《黄帝历》《颛顼历》《夏历》《殷历》《周历》和《鲁历》，后人误认为是各朝代先后所采用的历法，直至祖冲之深入研究后得出新的认识："古术之作，皆在汉初周末，理不得远。"意为那些历书并不是当时编制的，而是后人伪托的产物。根据现代人的研究，也证实了祖冲之的看法是对的。

祖冲之注重研究与生产实践相结合，一向受儒家轻视的天文历法和数学等自然科学成为他研究的中心。根据当时农业生产的需要，祖冲之用了很大的精力去研究历法，长期从事天文观测，旨在编订一部合乎实际的历书。古代天文观测，特别是为了制订历法所进行的天文观测，其中心课题是测量日影的长度。测量日影所用的仪器叫做表，是将铜制的板形标杆，垂直立于地平面上，记录铜表在正午时的日影。这是一种很细致、很繁琐的工作，需要很大的耐心。祖冲之不仅能够"考影弥年"（即全年测量日影），而且持续十年以上，日复一日的积累，使他掌握了丰富的第一手资料。

祖冲之针对当时何承天修订的《元嘉历》的粗疏之处，革新闰周、引入岁差和交点月、测算回归年长度等，制订了一种新的历法。南北朝宋孝武帝大明六年（公元 462 年），祖冲之把他编制的

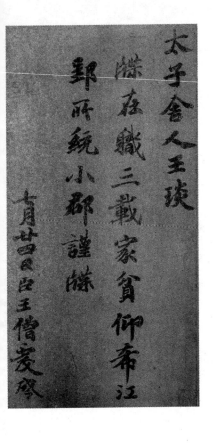

新历法呈献给皇帝。因为这是大明六年提出来的,所以被称为《大明历》。这一年,祖冲之只有 33 岁,却已攀登上了他所生活的时代的科学顶峰,《大明历》成为科学发展史上的一个里程碑。

公元 464 年,前废帝登位,统治集团内部斗争爆发,刘子鸾被杀死。祖冲之也被调到娄县(今江苏昆山县东北),担任县令。祖冲之任娄县县令期间,偶见农妇用碓舂米的情形,既费时又费力。便试制了用水作动力的水碓,这里面包含了水力、杠杆和凸轮原理,以期减小农民的负担。这一想法在他重新回到建康任职时趋于成熟,并最终发明了水碓磨。

祖冲之除了在天文历法方面的杰出成就外,在数学方面的成就更让他人难以望其项背。《九章算术》是中国古代数学名著。祖冲之对此造诣很深,曾为它撰写过注释。随着生产的发展,特别是建筑工程、机械制造、改进容器的精确程度以及天文历法研究工作等等的需要，计算比较精确的圆周率也就成为历代科学家研究的课题。祖冲之并不满足于刘徽求得的圆周率，决心攀登新的高峰。终于求得了精确度更高的圆周率近似值，计算出圆周率在 3.1415926 到 3.1415927 之间，在世界数学史上第一次把圆周率准确推算到小数点后第七位。在国外直到一千年以后，15 世纪阿拉伯数学家阿尔·卡西计算到小数十六位，才打破了祖冲之的记录。

除此之外，他还推导球体积公式，研究"开差幂"和"开差立"的问题，著《缀术》六卷，数十篇。《缀术》一书在唐朝被列为必读书籍，甚至在中世纪的朝鲜和日本也都被列为必读书籍，其学术价值可见一斑。可惜到北宋中期失传了，造成了永久的遗憾。

南北朝宋朝末年，祖冲之回到建康，

担任谒者仆射的官职，这是掌管朝廷宴
会、臣子朝见皇帝及重大封授典礼的礼
节的官。从这时起，一直到南齐初年，
他花了较大的精力从事机械制造的研制
工作。他针对姚兴的"有外形而无机杼，
每行，使人于内转之"的有弊病的指南
车，重造新式的指南车。他又在诸葛亮
原来的"木牛流马"的基础上，敢于革新，
制造千里船，"于新亭江试之，日行百余
里"，收到明显的效果。同时，他把原来

设计的水碓改造加工，"于乐游苑造水碓磨"，这种机械后来被直接应用于农业生产，在农村得到推广。

（三）晚年时代

祖冲之晚年时，南齐统治集团发生内乱，皇室和贵戚大臣也逐渐走向奢侈和腐化，相继聚敛民财。齐武帝死后不久，各个王之间为争夺皇位而互相残杀，朝政混乱。先后即位的五个皇帝都昏庸无能，贪图享乐，无暇处理政务，统治集团内部倾轧比以前更为严重。明帝萧鸾通过流血政变，大肆屠戮，先后诛杀十二个亲王。东昏侯萧宝卷更为残暴，他怕皇位被篡夺，竟把高帝萧道成和武帝的子孙几乎全部杀掉。政治黑暗腐败，经济凋敝，民不聊生，北魏乘机南侵。从隆昌元年(公元494年)至永元二年（公元500年）间，江南一带陷入一片战火之中。

大概在齐明帝时期，祖冲之兼任军职——长水校尉，即古书所说"转长水校尉，领本职"，"本职"就是指他原来的职务谒者仆射。祖冲之面对这种内忧外患的政治局面，和许多有抱负、有理想的人一样，对国家和社会表现出忧国忧民的情怀，提出了"富国强兵"的政治主张。他向齐明帝上书《安边论》，建议朝廷开垦荒地，发展农业，安定民生，巩固国防，提出了各方面的建议，以期摆脱当时水深火热的政治环境，希望国家能够尽快走出困境。齐明帝看到这篇文章后，很重视他的这些建议，打算派祖冲之巡行四方，兴办一些有利于国计民生的事业。但最终由于战事连绵不息，祖冲之的建议没能顺利地实现。

永元二年(公元500年)，祖冲之72岁，这位我国古代杰出的科学家离开了人间。祖冲之一生革新颇多，发明无数，著述甚富，他把自己关于天文、历法方面的革

新与发现都记载于《大明历》《上大明历表》《驳议》三篇之中，这三篇著述经历了连年的战火，历经千年保存了下来。他杰出的数学成就，都载于《九章算术义注》《缀术》《开立圆术》等篇中，遗憾的是早已散佚，但其成果却流芳百世。他发明的指南车、水碓磨、千里船、木牛流马、计时器与欹器等等，虽然原型以及制作方法都已失传，但在史料里亦能寻到蛛丝马迹。除此之外，他还著有《安边论》《述异记》《易老庄义释》《论语孝经注》等

数十篇，但大多数均已散佚，留下永久
的遗憾。

祖冲之对世界科技作出的贡献，在
当时是首屈一指的，这不仅是中国人民
的光荣和骄傲，也为世界科技的发展作
出了重要的贡献。祖冲之在天文、历法、
数学、机械制造等方面取得这样辉煌的
成就，并不是偶然的，而是与当时的社
会和他自身的努力有着很大的联系。第
一，当时社会正在逐步发展，不仅需要

政治经济文化的支持，更需要有一定的科学技术来配合前进，因而就推动了科技的进步，祖冲之则顺应了社会生产与科技发展的时代潮流。反过来又为当时的社会的发展作出更大的贡献。第二，祖冲之本人也认真学习，刻苦钻研，他恪守决不"虚推古人"，而要"搜炼古今"的信念，敢于大胆改革创新，这同样是他努力登上科学高峰的重要原因。他勤奋学习、踏实做人的作风也值得我们去学习和发扬。为了纪念他的功绩，1967 年，国际天文学家联合会把月球上的一座环形山命名为"祖冲之环形山"，将国际永久编号为 1888 的小行星命名为"祖冲之

二、推陈出新的
天文历法名家

星"。祖冲之永远是我们中华儿女的骄傲。

祖冲之是我国历史上著名的天文学家，受其家庭的熏陶，他很早就开始对天文历法进行研究。祖冲之注重实测、勤于思考、善于汲取前人成果、勇于同守旧思想进行斗争的事实，确然载于史籍，这正是他改革创新、成绩卓著的重要原因。革新闰周、引入岁差、回归年长度和冬至日新测、交点月的发现等等都是他的重要贡献。这些成就集中地反

映在他所编的《大明历》和《驳议》中。

（一）　革新闰周

远古时代，由于畜牧业和农业生产的需要，经过长期观察，总结经验，人们发现了日月运行的某些基本规律。早在三四千年前，我国人民就根据这种规律和月相的变化知道了阴历和阳历两种历法。阴历是观察月的盈亏变化规律得到的，即以朔望月作为确定历月的基础，古人把由一次月圆（或月缺）到下一次月圆（或月缺）的一段时间规定为一个月，每个月二十九天或三十天，十二个月为一年，共计有三百五十四天。阳历是把从第一个冬至到下一个冬至的时间（即地球绕太阳运行一周所需要的时间），算做一年。阳历一年也是十二个月，日数为三百六十五又四分之一天。阴历年和阳历年的日数不同，前者比后者每年要少大约十一天左右，阳历年符合季节的变化，每年都差不多；阴历就不是这样，不过由月相的变化能较准确地判断一个月内的日期，这在古代文化不发达的情况下有其优点，因此，势必要调整阴历年的日数，使之和阳历年的日数一致。我国古代劳动人民在长期实践中找到了解决的办法，那就是采用闰法，隔两三个阴历年，多加一个阴历月，叫做"闰月"。加了闰月的阴历就可以"补上"和阳历的

差距，这种历法是阴阳合历，一般称它为"阴阳历"。

春秋战国时期，我国古代历法家从实践中发现十九个回归年与二百三十五个朔望月非常接近。"四分历"就是按二者完全相等来制订的，十九年中安排七个闰月，它的闰周就是十九年七闰。但是，古人很少使用闰周的名称，古人称十九为章岁，七为章闰。后人把章岁和章闰合称为闰周。这种闰法在当时算是一种创造。但是，随着生产的不断发展，逐渐发现它还不够精确，应当改革。可是在儒家大肆推崇"天不变，道亦不变"的历史条件下，旧的章法沿用了近千年没有被废除。直到 5 世纪初，人们在长期观测研究的基础上进一步确认旧章法与实际不符，即阴历十九年七闰的日数和阳历十九年的日数不相等。于是，就有人提出了改革，破除章岁。我国历史上第一个改革闰法的是北凉的赵𢾺，他在公元 412 年作《元始历》，第一次不用十九年七闰的旧章法，而改用六百年二百二十一闰。可是赵匪的改革并没有马上被人们所接受，就连著名的天文历法家何承天也没能跳出前人的圈子，不敢废掉旧章法。在赵匪以后二十一年，何承天编制的《元嘉历》仍然使用十九年七闰，没有改革。因此，赵匪的改革在很长时间内没有产生多大影响。

半个多世纪后，才由天文学家祖冲之彻底打破了十九年七闰的旧章法。他

吸取了赵厞改革闰法的理论，根据自己长期的实际观测，经过反复认真地研究、计算，发现十九年七闰，闰数过多，在二百年内就要比实际多出一天来，而赵厞六百年二百二十一闰的闰数却又稍嫌稀疏，也不十分精密。因此他根据自己的实测改为三百九十一年中设置一百四十四个闰月，以解决旧章法闰数过多的问题。

祖冲之改革闰法、破除章岁的行动，产生了深远的影响。后来研究历法的人总要讨论闰法问题，所以改革闰法也就成为以后改革历法的主要内容之一。祖冲之以后，十九年七闰的旧章法被彻底抛弃。这是祖冲之在历法改革中的一项重要贡献。

（二）引入岁差

除了改革闰法以外，祖冲之在历法

研究上的另一重大成就，就是划时代第
一次应用了"岁差"。

所谓岁差，是指地球自转轴的运动
引起春分点位移的现象。地球在旋转运
动时时常受到日、月等其他星球吸引力
的影响，使地球的旋转速度发生一些周
期性的变化。在日、月的引力作用下，地
球自转轴的空间指向并不固定，呈现为
绕一条通过地心并与黄道面垂直的轴线
缓慢而连续地运动。因此，每年太阳运
行一周(实际上是地球绕太阳运行一周)，
不可能完全回到上一年的冬至点上，总
要相差一段微小的距离。按现在天文学

家的精确计算，大约每年相差 50.2 秒，每七十一年八个月向后移一度，这就是岁差现象。我国古代的岁差值是由冬至点 (或夏至、秋分点) 赤道宿度的变化量计算而得的，所以，所得岁差是指赤道岁差值。

随着天文学的逐渐发展，我国古代科学家们渐渐发现了岁差的现象。西汉的邓平、东汉的刘歆、贾逵等人都曾观测出冬至点后移的现象，不过他们都没能明确地指出岁差的存在。

4 世纪，东晋著名天文学家虞喜，根据对冬至日恒星的中天观测，发现岁

差,并定出冬至点每五十年后退一度。《宋史·律历志》记载:"虞喜云:'尧时冬至日短星昴，今二千七百余年，乃东壁中，则知每岁渐差之所至。'"

岁差这个名词即由此而来。岁差的发现，是中国天文学史上的一件大事。虞喜发现岁差，虽然比古希腊的依巴谷晚，但却比依巴谷每百年差一度的数值精确。继之给出新的岁差值的是何承天。他认为岁差每一百年差一度。从本质上看，这两个人的基本思想是一致的，都是测定尧以来某特定恒星赤道宿度的变

化，再以距年数除之，而得岁差值。

岁差的发现本来对历法改革有巨大意义，但近百年里研究历法的人却都对其置之不理，何承天在他所制定的《元嘉历》中也没有应用岁差。

祖冲之是在历法中应用岁差的第一人。他继承并发展了虞喜法，使我国古代岁差值的测定法趋于成熟。据《宋书·律历志下》记载，他不但利用了尧典的记载，而且考虑了他所认定的颛顼历和太初历冬至日所在宿度及东汉初年和后秦姜岌实测而得的冬至点位置，兼顾及他本人"参以中星，课以蚀望"而得的当时冬至点位置，然后"通而计之"，得到新岁差值每四十五年十一个月后退一度。祖冲之法的长处是利用了更多的历史资料于岁差值的推算，这对精确度的提高无疑是有益的。但由于祖冲之根据的天文史料还是不够准确的，所以他提出的数据自然也不可能十分准确。尽管如此，祖冲之把岁差应用到历法中，在天文历法史上是一个创举，为我国历法的改进揭开了新的一页。到了隋朝以后，岁差已为很多历法家所重视了，像隋朝的《大业历》《皇极历》中都应用了岁差。祖冲之所创之法为后世所沿用，成为我国古代岁差值推算的最基本方法。

岁差的测定与恒星年长度的测定有着密切的关系。由于历法中应用了岁差，所以"回归年"和"恒星年"才有了区别。回归年就是太阳连续两次经过春分点所

需要的时间，又叫做"太阳年"，也就是一周天。恒星年就是太阳连续两次经过某一恒星所需要的时间，即地球绕太阳公转的一个周期，也就是一周岁。

祖冲之首先在历法中引进了岁差的概念，也是他第一次明确给出了恒星年的长度值，他实际上建立了为后世历法广泛使用的如下关系式：

恒星年长度＝回归年长度＋赤道岁差值

祖冲之非常精确地测出一回归年的日数是365.24281481日。现代天文学所测一回归年为365.24219879日，祖冲之的结果和这个数字只差约五十秒，一年中仅有六十万分之一的相对误差。直到公元608年，隋代天文学家张胄玄在他所作《大业历》中求出一回归年为365.24203170日，优于祖冲之的数值。祖冲之的结果保持了一百三十多年之久。

（三）冬至时刻测量法

冬至时刻的测定是我国古代历法的重要课题之一。古人发现，在一年的不同季节里，同样一根圭表（标杆）的日影长短不同：冬至日影最长，过了冬至渐短；夏至日影最短，过了夏至又渐长，周而

复始。因此，测量圭表日影可以定出一年中的节气，特别是日影最长的那一时刻，便是冬至点。古代历法都以冬至点为一个回归年的开始。所以测量冬至点的准确时刻，就成为制历的关键。历代历算学者在这方面做了许多工作，留下了一批测量成果。随着圭表测量技术的进步与冬至时刻计算方法的改进，这些成果日趋精密。

自周代一直到刘宋何承天以前，冬

至时刻测定的误差绝大多数在先或后两三天之间。周代以及其后相当长的一段时间内，测定冬至的方法，大约只是寻找一年内正午日影最长的日子就定为冬至日。由于"景之差行，当二至前后，进退在微芒之间"，加上影长的测定受其他因素的影响，所以用这种方法确定冬至日，有两三天的误差是不足为怪的。而且实际上冬至时刻是无法单纯从直接的日影测量中取得的，因为一回归年的日数不是整数，若按此计算，第一年冬至点在正午，第二年冬至点就在傍晚，第三年则应在半夜，第四年在早晨，第五年才又回到中午。因此，要连续观测很多年才能判定。如果这中间遇到天阴下雨，见不到日影，便又要重新开始，加上圭表的误差等等，都要影响到观测的精确度。到西汉，人们大约已经认识到这一点。太初历中测定冬至时刻为太初元年十一月甲子夜半，这必是采用了直接测量与

间接推算相结合，以推求冬至时刻的某种方法。很可能当年人们测得十一月甲子日和其前一日中午时分的影长相等，且它们又是一年内日影最长的两日，由此就不难推出甲子日夜半冬至的结论。这一结果是这一阶段中达到的最佳成果。

北宋周琮指出："晋、汉历术，多以（至）前后所测晷，要取其中。"如何"要取其中"，不得其详。由于冬至前后日影变化甚微，不论用哪一种可以设想到的"要取其中"的方法，推算结果都存在很大的不确定性或误差。所以汉晋时冬至时刻的测定仍存在较大的误差。虽有观测依据，但实际上是凭经验和估计求得的。尽管如此，"要取其中"的思想，已经具有后世冬至时刻测定方法的雏形。

何承天时期，测影手段没有什么进展，只能尽力把测影工作做得精细些，"立八尺之表，连测十余年"。何承天依据这一点，把冬至时刻测定的误差降到了五十刻左右。

具有严格数学意义上的冬至点观测方法，是祖冲之首先提出来的。他的具体做法和推算方法，在南朝《宋史·历律志》中有详细记载。

他在（刘）宋·大明五年（公元461年）冬至前后用圭表测量了三个晴天的正午日影：

（农历）10月10日(A)，影长10.7750尺(a)

11月25日(B)，影长10.8175尺(b)

11月26日(C)，影长10.7508尺(c)

祖冲之假设在冬至前后日影长

度变化是对称的，那么，日影最长的冬至点的时刻就在 A、B 之间，而且在 B、C 间有一时刻 X，其影长与 a 相等。而 AX 中点 Y 就是冬至点所对应的时刻。为求 Y 点，取 AB 中点 M。则应有 AM+MY=YB+BX。将 AM=MB=MY+YB 代入，即得 2MY=BX 或 MY=$\frac{1}{2}$BX。他又设在一天之内(1 日=100 刻)日影变化是均匀的,则有(b-c)：(b-a)=100：BX，代入具体数值，算得

BX ≈ 64(刻)，MY=32(刻)。因为 M 点是 (农历) 十一月三日零时，故这一年的冬至点是十一月三日子夜后 32 刻。

祖冲之的方法把汉晋时期已经萌芽的方法大大推进了一步。他给"要取其中"的思想确定了一种可靠的数学表达形式。他为简化问题所作的假设都是科学合理的，整个测算过程的时间大大缩短，且不受天气影响，这种方法表现出他在活用数学知识解决实际问题时的高度智慧，方法本身有很高的理论意义和实用价值。并且使《大明历》冬至时刻测定的误差降到二十刻左右，这是一个了不起的进步。

（四）测定交点月值

祖冲之在历法研究方面还有一个巨大的成就，就是《大明历》中第一次明确给出了交点月长度值。

所谓交点月，就是月亮连续两次经过"黄道"和"白道"的交叉点，前后相隔的时间。黄道是指在地球上看到的太阳运行的轨道，白道是指在地球上看到的月亮运行的轨道。交点月的日数是可以推算出来的。最早隐见于刘洪的《乾象历》，此历中含有所谓的月行阴阳术，其中与交点月有关的关键术文是：

"通数 (31) 乘会数余 (48) 如会数 (47) 而一，退分 ($\frac{48 \times 31}{47}$) 也。从以月周 (7874)，为日进分 ($\frac{48 \times 31}{47} + 7874$)。会数乘之通数而一，为差率 ($\frac{7874 \times 47}{31} + 48$)。"

文中刘洪明确指出了交点西退的问题，而且给出了交点西退的定量数值，并阐述了在一个交食周期内，交点月个数、朔望月个数和交点年个数之间的数量关系，但遗憾的是，他并没有对交点月长度进行具体的计算。

祖冲之制历时，经过潜心研究，首度求出交点月的长度值。在《大明历》中，祖冲之根据长期实测得出了一系列数据，其中有"通周七十二万六千八百十""会周七十一万七千七百七十七"，还有"通法二万六千三百七十七"。用"通法"去除"会周"为交点月，等于 27.21223 日，

和现在所测得的交点月的日数仅差不到二百七十万分之一（今测为 27.21222 日），在一千五百多年前，得到这样精密的结果，确实是惊人的。

交点月的发现对于推算日食和月食发生的时间、位置等有很大的作用，祖冲之曾用《大明历》推算从南朝元嘉十三年(公元 436 年)到南朝大明三年 (公元 459 年) 这二十三年中所发生的四次月食和月亮在天空的位置，都和实际情况相符合。

祖冲之是我国天文学史上第一个明确求出交点月数值的天文学家，从此交点月数值成为制历家必求的数据。这是祖冲之在天文学史上的一项重大贡献。

（五）五星会合周期与恒星周期

先秦和西汉时期，一些天文学家比较注重实践，主张革新，很注意对天文历法的研究，对五大行星进行过长期连续观测，并有详细记录，从而总结出它们的"会合周期"和"恒星周期"。五星会合周期，就是以太阳作为标准点，行星与太阳两次同一黄经的时间间隔；恒星周期，就是以恒星作为标准点，行星与某一恒星两次同一黄经的时间间隔。

据《开元占经》记载，甘德曾测得木星、金星和水星的会合周期分别为 400日、587.25 日和 126 日。马王堆汉墓帛书《五星占》中的行星行度部分也指出：木星、土星和金星的会合周期分别为 395.44 日、377 日和 584.4 日。先秦时期测得的木星十二年行天一周，土星二十八年行天一周。又据《开元占经》记载，火星每日运行 0.525 度，由此可以推出火星的恒星周期的数值为 1.90244 年。自汉代以后，人们对五星会合周期和恒星周期的观测和研究日趋缜密。

我国古代大多数历法中的恒星周期都是以日平行率的形式隐含在历法之中

的。换句话说，五星的日平行率是恒星周期的特殊形式。先秦时期，日平行率的概念就已产生，在太初历、东汉四分历中也有关于日平行率（即"通率"和"通其率"）的记载。简而言之，所谓日平行率，指的是行星一日相对于某一恒星运行的度数，而恒星周期则是行星相对于某一恒星运行一周所需的日数。这其中对木星日平行率有一种特殊的求解方法，它与该历法所涉及的岁星超辰法有密切的关系。

古人认为木星在天空运行一周所需的时间为十二年（恒星周期），把它的轨道分为相等的十二段，每一段叫做"辰"。秦汉以来，人们经过长期的实际观测发现木星并不是十二年行天一周，如刘歆就提出了岁星一百四十四年超一辰的超辰法，即木星一百四十四年绕太阳运行

十二又十二分之一周，这个结果虽不精确，但却是重要发现。

祖冲之对五大行星会合周期和木星的恒星周期重新进行了测定和研究，获得一些较好的结果，其中特别是打破了《太初历》中关于木星的超辰法。据《大明历》记载，祖冲之算得日平行率值为 $7\frac{1}{12}$。该值的含义是，经过八十四年，木星行天七周又超一辰。祖冲之《驳议》中有术文曰：木星"行天七币，辄超一位"，指的就是这种八十四年超一辰的超辰法。此结果即定木星公转周期为 11.858 年。现代科学家推算木星运行的周期约为 11.

862 年。祖冲之算得的结果，同这个数字仅仅相差 0.04 年。这是祖冲之在天文学史上一项很有价值的成就。

此外，祖冲之还算出水星运转一周的时间为 115.88 日，这同近代天文学家测定的数字在两位小数以内完全一致。他算出金星运转一周的时间为 583.93 日，同现代科学家测定的数字仅差 0.01 日。此结果虽不够精确，但依然使五星周期的精确度大大提高。

（六）《大明历》及与戴法兴的辩论

1.《大明历》及《上"大明历"表》

祖冲之把自己对闰周、岁差、回归年长度和冬至日、交点月等的观点与发现，革新和创见都应用于新历法的研究中，精心编纂了《大明历》，并于南朝宋孝武帝大明六年（公元 462 年）呈献给皇帝，请求公布实行，时年他仅33岁，堪称"雏风发新声"。

祖冲之把《大明历》写好以后，又写了篇《上"大明历"表》。这个"表"主要是阐明编写《大明历》的目的以及指出何承天《元嘉历》的错误和误差。

在《上"大明历"表》中，祖冲之写道："臣博访前坟，远稽昔典，五帝躔次，三王交分，《春秋》朔气，《纪年》薄食，（司马）谈、（司马）迁载述，（班）彪、（班）固列志，魏世注历，晋代《起居》，探异今古，观要华戎。书契以降，二千余年，日月离会之征，星度疏密之验。专功耽思，咸可得而言也。加以亲量圭尺，躬察仪漏，目尽毫厘，心穷筹策，考课推移，又曲备其详矣。"

这是说他的《大明历》是建立在详尽研究前代天象记录（气朔、交食、五星运动等）的基础上的，又是建立在对实际天象（晷影、漏刻、日月五星位置）

的认真观测和精心计算的基础上的。

祖冲之又写道："日月所在，差觉三度，二至晷景，几失一日，五星见伏，至差四旬，留逆进退，或移两宿。分至失实，则节闰非正，宿度违天，则伺察无准。"

这是说经由他的测验，发现《元嘉历》所定冬至点位置有三度之差，冬至时刻差不多有一日之差，五星见伏时间有差达四十天的，五星发生留或逆行时所在恒星间的位置有差至两个宿次的。何承天所制《元嘉历》已不准确。这些误差势必造成节气不正、闰非其月的严重问题，也势必不能准确预报和观察五星凌犯等现象或其所在的位置。所以，改历势在必行。

随后，他逐一阐述了他新制历法的改革和创新之处，"谨立改易之意有二，设法之情有三"。

2. 精彩绝伦的辩论过程

当新历送至宋孝武帝面前时，宋孝武帝命令懂得历法的官员对这部历法的优劣进行讨论。在讨论过程中，祖冲之

遭到了以戴法兴为代表的守旧势力的激烈反对。戴法兴是宋孝武帝的亲信大臣，极受孝武帝喜爱。

戴法兴完全站在儒家复古立场上，反对革新，认为"冬至所在""万世不易"，给祖冲之扣上"诬天背经"的罪名；认为十九年七闰法乃"古人制章，立为中格""此不可革"，批评祖冲之推出新闰周是"削闰坏章"，嘲讽闰周之事"恐非冲之浅虑妄可穿凿"；说什么"岂能刊古革今"，还反诬祖冲之所论"每有违舛"；认为"如果星无定次，卦有差方，名号之正，古今必殊"等等。

在儒家看来，天上的星宿和人间相对应也是有君臣贵贱之分的，按照孔子"贵贱有序"的准则，它们在天上都按一定的方位排列，这种方位是绝对不能变动的，这就是所谓的"正名分"。如果星的方位一变，就意味着君臣贵贱的位置发生了变化，则触犯了封建统治阶级。

显然，戴法兴的观点是完全错误的。他站在极保守的立场上，一味强调旧法之神圣，却提不出任何一条旧法是而新法非的像样理由，更以居高临下的傲慢态度，讽刺挖苦，横加罪名，可谓气势汹汹。

戴法兴蓄意挑战，要和祖冲之"随事辨问"。面对戴法兴的挑战，祖冲之没有屈服于权势的压力，在分析了戴法兴的反对意见之后，他的反应是"浮辞虚贬，非所惧"，保持了镇定自若的心态。年轻职卑的祖冲之以大无畏的精神，义正词严地逐点批判了戴法兴的谬论，揭露了他的丑恶嘴脸。在皇宫里当着宋孝武帝的面同戴法兴展开了说理斗争。为此，他写下了科学史上有名的文献——《驳议》。

祖冲之在《驳议》中从开头就列举出了许多事实，来说明前人在科学上并不是没有错误的，需要"撰正众谬论"；同时也说明自己在历法上的看法都有确凿的证据，不容置疑，表现了不受古人思想束缚的革新精神。

他针对戴法兴不能"刊古革今"的主要论点，历数古六历为黄帝、颛顼等圣贤所作的观念是缺乏依据的，一口气提出其"可疑之据"有六。他又以纬书所载古六历彼此矛盾，莫衷一是的状况，说明"谶记多虚"和古六历的可疑；他还引刘向、桓谭、贾逵、杜预等大儒对纬书"矮妄"的论断和对古六历的怀疑，

作为旁证。得出结论："周汉之际，畴人丧业，曲技竞设，图纬实繁，或借号帝王以崇其大，或假名圣贤以神其说。"从而推翻了不能"刊古革今"的观点。

针对戴法兴所说的，制定历法非凡夫所测，因而"非冲之浅虑，妄可穿凿"。祖冲之以自己多年来坚持不懈测得的数据为依据，表明事物"自其定准，非为衍度滥徙"，即有它的规律性。而这些规律，"非出神怪，有形可检，有数可推"，既可以具体地观测，又有定量的规律可

以推算，同时举例说明这些规律是"凡人"们可知的。

针对戴法兴所说，不应"削闰坏章"的反对理由，祖冲之详细地举出多年来亲自观测冬至前后各天正午日影长短的变化，精确地推算出冬至的日期和时刻，从此说明十九年七闰是很不精密的。

针对戴法兴的其他反对理由，祖冲之都依据事实，一一予以驳斥。

"诬天背经"，在时人看来自然是莫大的罪名，祖冲之不能对此置若罔闻。祖冲之的这些申述，以验天实据为证，兼引经史为据，既以论证岁差的存在为核心，又表明了遵天循经的立场，还隐含真正诬天背经者乃是戴法兴自己之意。可谓古来辩论的妙文。

在辩论过程中，祖冲之以十分顽强的斗争精神，当着皇帝和满朝文武大臣的面，逐条驳斥了戴法兴的论点，并且一再要他"准以实见"。戴法兴被祖冲之

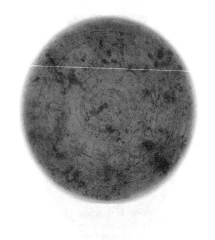

驳得体无完肤,哑口无言。由于戴法兴"权重一时",他"既立异议,论者皆附之",无人敢站在祖冲之的立场,当时只有一大臣名叫巢尚之,公开站出来替祖冲之辩护。他表示《大明历》是祖冲之多年研究的成果,根据《大明历》来推算南朝元嘉十三年(公元 436 年)、十四年(公元 437 年)、二十八年(公元 451 年)、南朝大明三年(公元 459 年)的四次月食都很准确,用旧历法推算的结果误差就很大,《大明历》既然由事实证明比较好,就应当采用。巢尚之和戴法兴同为孝武帝身边宠信,态度和立场却决然不同。

3.《大明历》实行的坎坷之途

这场辩论过后,孝武帝虽表示"欲用(祖)冲之新法",可他于南朝大明八年(464 年)去世,不及颁用新历。废帝于 464 年即位,此时戴法兴权倾朝野,改历之事被搁置一旁,无人问津。过不多久,刘宋也灭亡了,代之以齐。当时的统治者昏庸无能，不学无术，肆意宣扬佛教，轻视科学技术，历法改革一事无从谈起。到萧齐武帝时，事情似乎有了转机，"文惠太子（萧长懋）在东宫，见（祖）冲之历法，启武帝施行。文惠寻薨有寝"。文惠太子卒于萧武帝永明十一年（公元493年），事有不济，未能如愿以偿，改历之事又搁置起来。直到祖冲之死后，其子祖暅进一步研究了《大明历》，并且证实《大明历》比其他历法精密可靠。他从梁天监三年（公元504年）起，前后三次向南朝梁武帝推荐《大明历》，建

议施行。梁武帝命人重新进行实测检验。经过八九个月，测验结果证明：《大明历》精密，《元嘉历》粗疏。这样，才从南韩天监九年（公元 510 年）开始在梁施行《大明历》，废除《元嘉历》。一直沿用了八九十年。从祖冲之献上《大明历》到开始施行，中间差不多经过了半个世纪，这时祖冲之已离开人世十年了。

由祖冲之献《大明历》，写《上"大明历"表》，以及与戴法兴的这场震动朝野的辩论，可见祖冲之尊重实践、实事求是、敢于创新的可贵精神，以及思路清晰、层次分明、就实避虚的辩论技巧；亦可见戴法兴妄自尊大、食古不化的嘴脸。这场辩论的实质，是革新与守旧之争，是真理对权势的挑战。祖冲之在这场斗争中，继承并发展了前代许多历学家坚持实践的历法思想，表现了不畏权势、坚持真理的极大勇气。

直至今天，我们了解到祖冲之的《大明历》亦有许多缺失之处，"不虚推古人"是他的一句名言，也是对戴法兴的回答。正是这种实事求是、敢想敢干、"不虚推古人"的精神使他能够大胆革新，取得了如此巨大的成就。

三、享誉中外的数学泰斗

祖冲之不但精通天文、历法，而且在数学方面的贡献尤为突出。其中以他对圆周率的计算最为著名，可谓"名垂千古"，中外史书都有记载，从而把我国数学水平推入一个光辉灿烂的时期，并在该领域遥领风骚千余年，是古代数学史上的一座丰碑。

（一）圆周率的研究基础

在生产和生活上常常要计算圆面积、

圆柱体积、圆锥体积等等，在计算中总要用到圆周率，圆周率是圆周长与直径的比。它是一个无理数，不能用一个分数或循环小数完全表示出来。任何分数、有限小数所表示的圆周率的值都是近似的，而不是真值。

我国古代的劳动人民在生产实践中发现了"周三径一"的圆周率值。但随着生产的发展，特别是建筑工程、机械制造、改进容器的精确程度以及天文历法研究工作等等的需要，以"三"为圆周率，显然是无法满足实践的要求。计算比较精确的圆周率也就成为历代科学家研究的课题。

王莽时期，刘歆受命造标准量器——律嘉量，量是圆柱形，计算容积时就用到圆周率。刘歆没有用 3，而是用 3.1547 或 3.166 为圆周率近似值。到东汉时期，科学家张衡在历法研究中曾用（$\sqrt{10} = 3.1622\cdots\cdots$）和 $\frac{92}{29}$ 两个数作为圆周率值。东汉末年，蔡邕认为 $\pi > \frac{25}{8}$（$= 3.125$）。三国时，吴人王蕃由于研究天文的需要也曾以 $\frac{142}{45}$（$=3.155$）为圆周率值。这些新值比 $\pi \approx 3$ 是好了一些，但还不够理想，而且可能都是从经验上试验得到的而不是用科学方法求得的。

三国末年，随着生产力的不断发展，加之考核度量衡和天文历法研究的需要，对圆周率精度的要求不断提高。刘徽，这位第 3 世纪中叶的数学家，创立

了圆周率的科学求法——割圆术，并将之记录在《九章算术》中。他设圆的半径为1，把圆周六等分，作圆的内接正六边形，用勾股定理求出这个内接正六边形的周长；然后依次作内接正十二边形、正二十四边形……直至作到圆内接正一百九十二边形，圆内接正多边形的边数越多，它的边长就越接近圆的实际周长，求得的圆周率也就越准确。所以此时求得圆周率的值为 $\frac{157}{50}$，其近似值为3.14，并且说明这个数值比圆周率实际数值要小一些。在当时世界上，这是一个相当精确的数据。割圆术中，刘徽已经认识到了现代数学中的极限概念。他所创立的割圆术，是探求圆周率数值的过程中的重大突破。

（二）祖冲之的历史性突破

刘徽为圆周率的研究打下了坚实的

基础，而在这个基础上建造大厦的巨匠是祖冲之。

祖冲之对《九章算术》的造诣很深，曾为它撰写过注释，并且深入研究过刘徽为其作的注。刘徽的割圆术给予祖冲之重要的启示。祖冲之并不满足于前人的成就，认为 $\frac{157}{50}$ 还不够精确。他按照刘徽的方法继续计算下去，从正一百九十二边形，一鼓作气演算到正一千五百三十六边形，得出了3.1416的结果，这个结果是当时世界上最好的，古印度数学家也曾得出这个数值，比祖冲之晚了好几十年。然而，祖冲之并不满足，仍然坚持不懈地深入推求。他算到了正一万二千二百八十八边形，又算到了二万四千五百七十六边形，终于求得了精确度更高的圆周率近似值，计算出圆周率在 3.1415926 到 3.1415927 之间，在世界数学史上第一次把圆周率推算准确到小数点后第七位。在国外直到一千年以后，15 世纪阿拉伯数学家阿尔·卡西计算到小数点后十六位，才打破了祖冲之的记录。

成书于唐代的史书《隋书》中记载了祖冲之对圆周率的研究情况，《隋书》卷十六"律历志"中有这样一段记载：

"古之九数，圆周率三，圆径率一，其术疏舛。自刘歆、张衡、刘徽、王蕃、皮延宗之徒，各设新率，未臻折衷。宋末，南徐州从事史祖冲之，更开密法。以圆径一亿为一丈，圆周盈数三丈一尺四寸

一分五厘九毫二秒七忽，朒数三丈一尺四寸一分五厘九毫二秒六忽，正数在盈朒二限之间。密率，圆径一百一十三、圆周三百五十五。约率，圆径七，周二十二。"

在这段文字中，又一次指出：古率很粗略，刘歆、张衡、刘徽、王蕃、皮延宗等人虽然对圆周率有新的计算，仍不精确，祖冲之则"更开密法"，求得"正数在盈朒二限之间"。文中清楚地记载了祖冲之所得到的两个重要结果：

(1) 3.1415926 < π < 3.1415927

(2) π 之密率：$\dfrac{355}{113}$

π 之约率：$\frac{22}{7}$

祖冲之明确指出了圆周率的上限和下限，用两个高准确度的固定数作界限，限制一个无理数的大小范围，在当时是前所未有的，这种方法也是现代数学研究中所常用的。

由于中国古代惯于用分数表示数值，因此祖冲之又在上述圆周率的基础上，得出了两个数值。他用 $\frac{355}{113}$ 表示圆周率的最佳分数值，称之为"密率"，又用 $\frac{22}{7}$ 表示"约率"。

祖冲之的密率是 π 的一个很好的分数近似值，如以它来计算半径为十公里的圆面积，其误差不会超过几个平方毫米，有人证明，在所有分母小于 16604 的分数中，$\frac{355}{113}$ 是最接近 π 的一个分数，比它更精确的分数将是 $\frac{52163}{16604}$。可见 $\frac{355}{113}$ 不仅精确度高，而且简单。1，3，5 三个数字各出现两次（113355），对半后排列于分数线上下，可谓美矣。

（三）无法企及的高峰

祖冲之的圆周率是世界圆周率计算史上的空前杰作，古今中外莫不为这一结果之精确而叹服。

祖冲之用 $\frac{355}{113}$ 作为圆周率值，而西方的圆周率值则是在十六七世纪才出现的，被称为安托尼斯率。这是为纪念荷兰工程师安东尼斯利用阿基米德的割圆术求得 $\frac{333}{106} < \pi < \frac{377}{120}$ 而命名的。安东尼斯之后把两个分数的分子和分母分别加以平均，得到其圆周率 $: \pi = \frac{333+377}{106+120} = \frac{355}{113}$。也有

人说，德国奥托先在 1573 年发现了 π 的这个数值。但这两个人都比祖冲之晚了一千多年。

我国著名数学家华罗庚先生指出："$\frac{355}{113}$ 惊人精密地接近于圆周率，准确到六位小数。"$\frac{355}{113}$ 是分子、分母不超过 1000 的分数中最接近 π 值的分数。他认为，约率和密率的意义远不止于是圆周率的近似值，其中还孕育着不少道理，不但可以用来推算天文上的许多现象，而且还提出了"用有理数最佳逼近实数的问题"。

日本学者三上义夫在其英文本的《中日数学发展史》（1913 年）中，建议将 $\frac{355}{113}$ 称为"π 的祖冲之分数值"，我国科学家茅以升在 1917 年就把 $\frac{355}{113}$ 简称为"祖率"。"祖率"这一名称在日本、新加坡、马来西亚等很多国家都有所使用。

祖冲之在数学上，特别是在圆周率

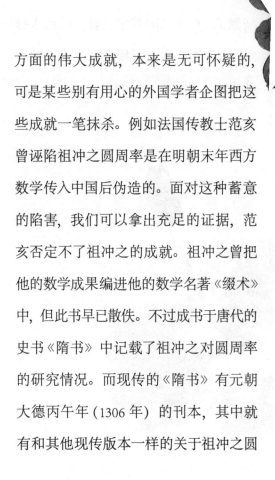

方面的伟大成就，本来是无可怀疑的，可是某些别有用心的外国学者企图把这些成就一笔抹杀。例如法国传教士范亥曾诬陷祖冲之圆周率是在明朝末年西方数学传入中国后伪造的。面对这种蓄意的陷害，我们可以拿出充足的证据，范亥否定不了祖冲之的成就。祖冲之曾把他的数学成果编进他的数学名著《缀术》中，但此书早已散佚。不过成书于唐代的史书《隋书》中记载了祖冲之对圆周率的研究情况。而现传的《隋书》有元朝大德丙午年（1306 年）的刊本，其中就有和其他现传版本一样的关于祖冲之圆周率的记载，是在明朝末年前三百余年。北宋时李籍（11世纪）作《九章算术音义》一卷，也引用了祖冲之的圆周率，和《隋书》的记载一样，这更是明末以前五六百年的事。南宋王应鳞的《玉海》中，也提到同样的事实。这些事实足以说明问题了，祖冲之的数学成就，任何人抹杀不了，祖冲之在圆周率研究方面的卓越成就早于西方一千多年。

从刘徽到祖冲之，他们研究圆周率的思想、方法和成果，无不体现了我国古代数学所达到的一个高峰，也是我国古代科学的一个高峰。这一高峰之所以能达到，是与祖冲之那"搜炼古今""咸加核验"，决不"虚推古人"的科学精神分不开的，是与他那艰苦卓绝的科学劳动和坚忍不拔的坚强毅力分不开的。

（四）实践应用与《缀术》

祖冲之在圆周率方面的研究，有着积极的现实意义，适应了当时生产实践的需要。他亲自研究过度量衡，并用最新的圆周率成果修正古代的量器容积的计算。

古代有一种器具叫做"鬴"，"深尺，内方尺而圆其外"，外形呈圆柱状。"祖冲之以算术考之，积凡一千五百六十二寸半。方尺而圆其外，减傍一厘八毫，共

径一尺四寸一分四毫七秒二忽有奇而深尺，即古斛之制也。"这里所说的"以算术考之"，就是祖冲之用圆周率研究古代量器的容积。

祖冲之又用同样的方法考核了刘歆所造"律嘉量"的容积。此律嘉量仿照古代的"鬴"造成，容积计算较复杂。由于刘歆所用的计算方法和圆周率数值都不够准确，所以他所得到的容积值与实际数值有出入。祖冲之找到他的错误所在，利用"祖率"校正了数值。

"律嘉量斛：方尺而圆其外，庞旁九厘五毫，幂百六十二（平方）寸，深尺，积一千六百二十（立方）寸，容十斗。祖冲之以圆率考之，此斛当径一尺四寸三分六厘一毫九秒二忽，庞旁一分九毫有奇。刘歆庞旁少一厘四毫有奇，歆数术不精之所致也。"

以后，人们制造量器时就采用了祖冲之的"祖率"数值。

　　祖冲之和他的儿子祖暅的数学研究成果汇集在一部名叫《缀术》的著作中。《缀术》中可能包含有祖冲之为《九章算术》作的注，以及对圆周率、球体体积的研究，内容比较深奥。唐朝李淳风高度评价了祖冲之的数学贡献，认为《缀术》"指要精密，算氏之最者也"。

　　《缀术》六卷 (也有说是五卷的)，《南史》一书上说有数十篇。《缀术》是我国历史上很有价值的科学著作之一，内容丰富、深奥，连后来隋代负责数学教育的官员都看不懂，所以"废而不理"。 唐显庆元年 (公元 656 年) 国子监设算学科，对《缀术》比较重视，将其与历代相传的《周辟算经》《九章算术》《海岛算经》《缉古算经》等共同作为主要教科书。其中《缀术》规定学习年限长达四年之久，是所有科目中学习时间最长的，每次考试内容有七条之多，均居十部算经之最。这充分说明《缀术》内容之丰富，学术水平

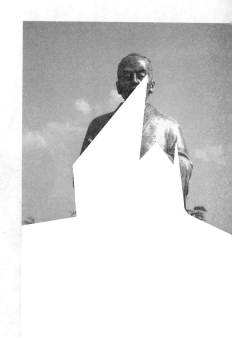

之高。

唐朝末年，封建军阀分裂割据，教育已无法维持下去，书籍也多有散佚。到赵匡胤统一全国建立宋朝时，仅有少数传本留传下来。《缀术》一书，不久也就在北宋天圣至元丰间（1023—1078年）失传了。根据记载，10世纪的宋代数学家楚衍不定期读到过《缀术》，以后的各项记载便都不大可靠了。

《缀术》大概在唐代就传到了日本、

朝鲜等亚洲国家，中世纪朝鲜和日本的
学校制度和唐制大致相同，《缀术》也都
被列为必读书籍。6世纪《日本国见在书
目录》还可以看到《缀术》的书名，12
世纪朝鲜的学校仍规定要学习《缀术》。
可惜《缀术》在朝鲜、日本两国也都失传了。

　　由于《缀术》的失传，现在我们就
无法详细知道其内容了。直到现在，对
《缀术》内容的探讨，仍然是吸引国内外
许多学者很大兴趣的一个问题。

四、巧夺天工的机械巨匠

（一）重造指南车

祖冲之不仅对自然科学进行过广泛的研究，取得了卓越的成就，而且对于机械制造也有杰出的贡献，其中一些项目在当时乃至以后朝代的生产实践中都发挥了作用。比较有影响的项目之一就是重造指南车。

指南车是我国古代人民在机械方面

的重要发明创造之一，它的作用大体和指南针差不多，是用来指示方向的。车厢中装有机械，上面装一木人，一只手平伸，开行时先使这只木人手指向南方，不论车子在行走时怎样拐弯，木手会始终不变指向南方。

指南车的结构已经失传，但根据文献记载，可知它是利用齿轮互相带动的结构制成的。相传远古时代黄帝对蚩尤作战，曾使用过指南车来辨别方向。根据文献记载，三国时代的发明家马钧经曾经制造过这种指南车，可惜后来失传了。东晋义熙十三年（公元 417 年），大将刘裕率军北上灭后秦，缴获了一部后秦皇帝姚兴的旧指南车。可是这辆指南车只剩下一个空架子，内部机械已经完全散失。因此，每当行走时，只好用人来转动木人，使它指向南方。这样既费人力，又不准确，所以这车逐渐被废弃了。

后来齐高帝萧道成辅政，就命祖冲之研究古法，准备重新制造一部指南车。经过反复的试验，祖冲之知道要用五个齿轮组成差动齿轮机，才能符合车子向左向右转，木人指南方向不变的要求。要使五个齿轮灵巧的配合，必须计算精密，制作准确。祖冲之算准了每一个齿轮的半径和齿距，叫铜匠依图铸造。前人所造的指南车，其内部机械可能是木制，祖冲之大胆改用铜制，使指南车的机械更加牢固无损，灵敏度有所提高。

最后祖冲之制成了一具铜制的机械，机械的上面插着一个小木人，它的右手前伸，指向南方。

当祖冲之制成指南车的时候，北朝有一个名叫索驭驎的人来到南朝，自称也会制造指南车。齐高帝萧道成就命令他和祖冲之各造一辆，再让他们在乐游苑（今陕西西安大雁塔东北）互相比较试验。结果索驭驎所造的指南车很不灵活，和祖冲之的相比，有很大的差距，索驭驎只得认输，并把自己制的指南车

毁掉了。祖冲之所制指南车，我们虽已无法看到原物，但由这件事可以想象出它的精巧程度。

（二）制造水碓磨

齐高帝萧道成与其子齐武帝统治时期（公元 479—493 年）之初，采取了一些有利于社会发展的措施，如下令禁止士家大族招募佃农和占山封水，又减免了赋役，释放了奴婢，修建学舍，兴复教育。他的儿子即位之后，也比较重视农业生产，命令地方官劝课农桑，同时对在北面的北魏派使者进行通好。这一时期，江南的社会经济有所恢复和发展，祖冲之便把更多的精力投入到研究生产问题上，尤其是对农业机械和交通工具方面研究得最多。他把劳动人民和前人的发明创造加以改进和创新，取得更加广泛更加实用的新成就。水碓磨的创造就是

其中之一。

水碓磨可能是利用水流冲击的力量而进行工作的机械。顾名思义，就是要借助水流的力量来磨谷物或者其他物品的工具。它并不是到南齐的时候才形成和应用的。我国古代勤劳勇敢的劳动人民在长期生产实践中很早就开始利用水力舂米的水碓和磨粉的水磨。西晋著名的将领和机械学家杜预就曾经在此基础上发明了连机碓。在水流很急的地方安装一个大水轮，轮轴有数尺长，上面安一列横木，当水力推动着轮子转动的时候，长轴上的横木就能带动好几个石杵，一起落在石臼里舂米。之后杜预还创造了水转连磨，大概是在水轮的长轴和磨上装上齿轮，在水力大的地方，一个水轮能带动八个磨，同时进行磨粉。连机碓和水转连磨的发明，无疑提高了粮食加工的效率，比单个的碓或磨好多了。但是，它们是分开的，不能同时使用碓和磨，仍有不方便之处。

祖冲之在娄县做县令时，看到农民舂米、磨粉很费力，就想在原来的基础上改进连机碓和水转连磨，改变原来需要很多人同时在一起才能舂米、磨粉的状况，而是用机械代替人力，大大地提高工作效率。当时没有时间把想法付诸实践，而当他在朝做谒者仆射时，比较清闲，就利用这个机会研究粮食加工机械，经过不懈地钻研，终于成功制造了一种水碓磨。水碓磨制造完成后在乐游苑进行试验时，齐武帝曾亲自前往观看，虽然没有明确的史料记载当时的状况，但我们可以从中了解到祖冲之的这项发明在当时的影响力之大，同时也说明当时的政府对祖冲之这项创造的重视。

祖冲之制造的水碓磨以连机碓和水转连磨为基础，加以改进。他把水磨和水碓结合起来，不仅能同时舂米和磨粉，而且有些人还用水碓磨来榨油。这样的

一种工具的发明，在当时社会生产力并不发达的情况下，是一项很有实际价值的创造。由于这种机械直接服务于农业生产，因此在有水利条件的地方都得到大力推广，为广大人民所应用，因为它的效率高，被一代又一代人渐渐流传下来。解放初期，我国南方有些农村还在使用这种生产工具。有些地方还加以改进，建成小型水电站，使它能适应现代农业生产的需要。经过一千多年的磨砺，它都没有褪去颜色，足以说明它的价值之高。祖冲之的一切创造都以人民的需要为根本，这样的举动和其背后所展现的价值观永远值得我们去效仿。

（三）设计千里船

随着社会的发展，物资交流、人员活动、对外贸易、战争等等，都要求改进交通和运输工具。需求量越来越多，

不仅要求载重量要大，而且速度也要更快。

南朝地处江南，长江、珠江等大水系都在南朝境内，还有很多湖泊和漫长的海岸线，因此水上交通显得特别重要。当时南朝的海外贸易有所发展，造船技术也不断地得到改进。在这种客观条件下，祖冲之为适应实际生产的需要，着重研究水上交通工具。他经过反复调查和探讨，设计并制造了一种千里船。

千里船的类型、外观、构造原理等现已不可考，古代文献中只记载这样一句："又造千里船，于新亭江试之，日行百余里。"后代有学者认为千里船可能就是后来车船的雏形。中国古代用人力驱动运转的明轮船，也称轮船或车轮舸。在近代汽船问世前，人类船舶的推进，主要是仰仗风力和人力，前者用帆，后者用桨。在祖冲之以前的船多是以风力为动力。而祖冲之的这项发明很有可能就是变帆为桨，达到了"日行百余里"的效果。

千里船造好后，放在新亭江里试航。新亭江是现在长江经过南京的那一段，因三国时建筑的一个城垒"新亭"而得名，是重要的军事、交通要道。试航的结果，日行百余里，可见祖冲之设计之巧，船速之快。

继祖冲之后，唐代李皋制造的车船，用人力踏动快速前进。宋代的车船盛极

一时，得到较大规模的推广和应用。直到 20 世纪初，中国南方还有少量车船。

祖冲之不仅注意水上交通工具，而且对陆上交通工具也有一定的研究和创造。他从各方面搜集材料，试制和改进前人的交通工具。

三国时蜀汉法家、政治家和军事家诸葛亮（公元 181—234 年）为推行法治路线，统一全国，对于军事、生产都采取过具体措施。蜀汉位于四川盆地，有丰富的物资，但四周多山，粮草运输十分困难。据《蒲元别传》记载，此时，诸葛亮手下的能工巧匠蒲元向其提出建议，诸葛亮采纳并亲自参与设计了一种"木牛"，用来运输粮草。其后为进一步解决运粮问题，诸葛亮又设计了一种四轮小车，称为"流马"。木牛流马原物早已失传，其构造原理在古代文献上也没有记载，《诸葛亮集》中的一段文字，应是可靠的资料："木牛者，方腹曲头，一脚四足，头入领中，舌著于腹。载多而行少，宜可大用，不可小使；特行者数十

里，群行者二十里也。曲者为牛头，双者为牛脚，横者为牛领，转者为牛足，覆者为牛背，方者为牛腹，垂者为牛舌，曲者为牛肋，刻者为牛齿，立者为牛角，细者为牛鞅，摄者为牛鞭轴。牛仰双辕，人行六尺，牛行四步。载一岁粮，日行二十里，而人不大劳。"这段记载，虽对木牛形象作了描绘，下文还对流马的部分尺寸作了记载，但因没有任何实物与图形存留后世，后人至今未能复其原貌，对其难以评说。

祖冲之从《三国志》中看到关于木牛流马的记载，经过长期研究，创制了一种陆上运输工具。这种工具的构造很巧妙，据古书上说，"以诸葛亮有木牛流马，乃造一器，不因风水，施机自运，不劳人力。"这个机器显然很好，不用风力和水力，能够"施机"（就是发动一种机构）自己运行。可惜祖冲之所造的运输器械并没有流传下来。

（四）计时器与欹器

祖冲之在机械仪器方面还有其他研究，制造过计时器——漏壶和警器——欹器。

古代天文学家从事天文观测需适当的仪器，计时器就是必备品之一。只有时间比较准确，观测所得到的结果才更可靠。南北朝时期的天文工作者对于计时器——漏壶的改进都很关注。何承天

完成其《元嘉历》后便上书朝廷，建议重造漏壶以适应他的新历法。祖冲之及其子祖暅都对漏壶进行过深入的研究。

漏壶是古代利用滴水多寡来计量时间的一种仪器。漏壶按计时方法大体上可分为两种：一种是通过观测容器内的水漏泄情况来计量时间的，叫做泄水型漏壶；另一种是通过观测容器（底部无孔）内流入水增加情况来计量时间的，叫做受水型漏壶。我国古代的漏壶也称漏刻。最早的漏壶中立有一根标杆,称为箭。箭由一只箭舟托着,浮在水面上。水从壶中流出或流入壶中时,箭则下沉或上升,借以指示时刻。因此泄水型漏壶又叫做沉箭漏;受水型漏壶又叫做浮箭漏。这两种类型统称箭漏。

漏壶计时的原理如下:一般是有一个底部带小孔的斗子,里面盛水;斗子下面有一个桶,其中立一个很轻的"浮箭",箭上有刻度。古代把一昼夜分为一百刻,浮箭上的刻度也就刻成一百个。用一个很细的管子和斗子底部的小孔连接,使斗子中的水一滴一滴地流到下

面的桶里，由于桶里的水位增高，浮箭也就上升，便可以根据浮箭上的刻度判断时刻。浮箭上的一百刻又按一昼夜的十二个时辰划分为几段，用段的分点代表一些特殊时刻。对于这些特殊时刻，历代漏刻都有不同的安排。祖冲之等人与前人不同，对这些特殊时刻作了重新安排，"自关鼓至下鼓，自晡鼓至关鼓，皆十三刻，冬夏四时不异。"祖冲之、祖暅父子还写过一部《漏经》，不过现已失传。

祖冲之还研制过其他器物，现在知道的有"欹器"。欹器，又常被称作歌器。它是一种灌溉用的汲水罐器，是我国古代劳动人民在生产实践中创造出来的。

古代鲁国之君有一欹器。欹器有个特点：当它不盛一点水时，就只能欹斜地放着而无法端正地放置，把它扶正后，一放手它就又歪斜在一边，这就是所谓的"虚则欹"；往此容器中注入中等数量

的水，就可将其端正地摆放在那里，这就是"中则正"；但容器中水太多了，它又会自动向另一侧翻倒，把水都倒了出来，这就是所谓的"满则覆"。鲁国之君把这奇异的容器放在宗庙中作为"座右铭"，目的在于提醒自己，万事都要采取中庸之道，适可而止，切不可过分，慎防"满而覆"。孔子在弟子做过现场试验后发出这样的叹息："恶有满而不覆者哉"，对任何时代的当政者都具有深意。

齐武帝的第二个儿子竟陵王萧子良非常好古，讲究儒道，却有些高傲自大，缺少实学。祖冲之为规劝其不要高傲自大，应谦逊恭谨，所以就做了一件欹器送给他。由此可见，祖冲之对各种机械都有深刻的研究。

五、音哲旁通的
　　通才科学家

一个伟大的科学家，如果能得到"伟大"这个称谓，就不仅仅在科学这一个方面有着卓越的贡献，在其他方面也必然有着非凡的成就。祖冲之便是如此。由于中国历史上对于官员的特殊选拔机制，为政者也都是从学习经史开始。祖冲之不仅是伟大的科学家、发明家，而且对于哲学、文学、音乐等也有浓厚的兴趣和相当的造诣，给我们留下了宝贵的财富。

祖冲之晚年时，南齐腐败，政治昏暗，战火连天，民不聊生，社会处于一种极度混乱的情况，在这种情形下，祖冲之的研究方向有了很大变化，着重于研究文学和社会科学。希望能达到救国救民的目的。

祖冲之是士族家庭出身，从小受到严格的儒家教育。他聪明、勤奋、博览群书，对四书五经、孔孟经典、老庄哲学亦有过深入的研习与探究，他曾著《易老庄义释》《论语孝经注》等关于哲学的书籍，虽然著作都已散佚，但是对于确定儒学在当时社会的正统地位则是必不可少的。

祖冲之在文学方面的成就，有其深厚的家学渊源。他的曾祖父祖台之是一个文学爱好者，撰有小说《志怪》二卷流行于当世，祖冲之受其影响，对民间流传的神话志怪故事留意颇多。

当时的文学形式多种多样，三国时

期的建安文学、南北朝时期以谢灵运为代表的山水田园诗、南朝的乐府、北朝的民歌都十分流行。小说虽然说在明清两代达到了顶峰，但是在南北朝的时候就已经有所发展。小说的形式要求不是很严格，是在古代民间流传最广的文体之一，小说也能最直接地通过其中的故事情节来反映当时的社会状况，进而引起人们的共鸣。

祖冲之著有《述异记》十卷，很可惜的是这部小说也已失传，但是真实地折射了作者的价值取向以及当时的社会现象，为后人"以史为鉴"提供了一个最直接的平台。

音乐的发展是和古代社会生产力的发展分不开的，秦朝作为第一个统一中国的朝代，将"六国之乐"集中于咸阳宫中，大力提倡百戏与传统巫乐，并为此设立了专门机构"乐府"，以乐府为代表的汉代音乐就孕育成长在这个时代。东汉末期至三国魏晋之际，受"地理大交流"影响，龟兹（今新疆库车）、西凉（今甘肃武威）、疏勒（今新疆疏勒）、鲜卑等少数民族音乐和天竺（印度）等域外音乐在中原地区广泛流行。以相和歌为代表的汉族音乐与南方民歌"吴声""西曲"结合，形成了"清商乐"，南北音乐得到进一步的交融。

不同学科之间相互交流，促进了彼此的发展。这在音乐方面亦得到了印证。如三国时北方魏国的曹操是一位杰出的政治家，同时，他多才多艺，还是一位著名的诗人，又很喜爱和重视音乐。《三

国志》注引《魏书》说他"登高必赋，及造新诗，被之管弦，皆成乐章"。同时为我们所熟知的世界著名科学家爱因斯坦，也是一位出色的小提琴家，在音乐方面很有造诣。

祖冲之这位通才，不仅在科学、哲学方面有着卓越的成就，在音律方面也有着自己的独特理解。祖冲之对于"钟律博塞"很有研究，"解钟律，博塞当时独绝，莫能对者"，达到当时最高水平。我国古代音阶的各个音叫做"律"，最初

只有五个，叫五音或五律，以后发展为七律、十二律。"律"有专名，又指选择构成音阶的各个音间的规律。辨别这些音律有一定的标准。古时有一种叫"黄钟律管"的专门工具，可以按照它的长短来校量音律。另外，黄钟律管还有校正度量衡的作用。祖冲之研究晋初铜尺，也和研究钟律有关。我国古代数学和音乐有密切关系，作为数学家的祖冲之，把二者很自然地联系在一起，为科学研究提供一种很好的方法论。祖冲之已经把知识融会贯通到相当高的境界。

六、科学事业的合作者
和继承人——祖暅

祖暅，字景烁，历任太府卿等职，生卒年代不详。他生活在南齐和以后的梁朝，受其父亲祖冲之的影响，他从小就热爱科学，认真钻研，达到"究极精微"的地步，为他后来的科学工作打下了良好的基础。

祖冲之死后的第二年（公元 502 年），掌握长江中游军政大权的萧衍，乘齐朝内乱之机起兵东下，夺取了帝位，改国号为梁。萧衍就是梁武帝，年号天监（后

改为普通)。在他统治的四十多年中，南朝虽有一些平静时期，经济和文化多少也有所发展，但梁武帝伪善而残暴，为达到巩固自身统治的反动目的，极力宣扬"玄学""各尽玄言之趣"。此外，梁武帝又屡次向北朝出兵伐魏，夺取淮河流域一带土地，给人民带来深重的灾难。

这样的时代，使科学研究工作阻碍重重。祖暅克服种种困难，在极端艰苦和危险的环境下进行科学实践，取得了非常杰出的成绩。

（一）天文观测与发现

祖暅的科学工作主要是在梁初进行的。早期的研究方向主要是天文学和数学。在他父亲死后，为了完成父亲的未竟之业，祖暅继续研究《大明历》，进行天文实测，并且先后于梁朝天监三年、八年、九年三次向梁政府推荐，终于被采纳。

注重实测是我国古代天文学家进行

天文学研究的优良传统。梁朝初年，祖暅为了更准确地观测天体及其运动，不怕困难和危险，选择了嵩山(今河南登封北)作为临时观测站。此处离黄河很近。当时，南朝和北朝在东部地区大体上以黄河为界。换句话说，嵩山处于两朝边界线附近。

祖暅在嵩山上的临时观测站不分昼夜地进行观测。他在观测站立一个八尺

高的铜表（一根扁方形的铜板条），铜表
下部和一个石圭垂直相连，石圭面上开
凿一个小沟，沟内注入清水，用以定平，
起水准器的作用。祖暅的这个仪器设备
很简单，却很有影响，在《隋书》中不止
一次地讲到了这件事。

　　祖暅用这种简单的设备，来观测日
影的长短，从而测定纬度和子午线的方
位。又用它测地中。祖暅的方法也是先
立一表叫做"南表"，等到中午时刻在表
影之末再立一表称为"中表"。如果时间

准确，那么南表和中表就指向南北。他试图通过北极星来校正南北方向。夜间，他通过中表去望北极星，于中表之北再立一"北表"，使中表、北表上的相应的点与北极星正好在一条直线上。次日中午再根据三表的日影是否在一条直线上来判断南表和中表的方向是否正好指向南北。他通过多次观测与研究，最后得出了北极星与北天极（不动处）相差"一度有余"的结论。这一重大发现从此在科学上打破了北极星就是天球北极的错误观点。北极星本来就不在天球北极而

且由于岁差和章动的原因，北极星的位置时时都在变化，只是人们在短时间内不易察觉而已。

由于天文学研究的需要，中国古代天文学家都关注漏刻的研究。祖冲之父子都研究过漏刻，祖暅在这方面做的工作较多。梁天监六年 (公元 507 年)，因当时所用旧漏刻不准确，梁武帝命祖暅重新制造。祖暅制造完成后把过程原理写入《漏刻经》。《漏刻经》有一卷，现已失传。

除《漏刻经》外，祖暅还曾编有《天文录》三十卷、《天文录经要诀》一卷，这两部书也已经失传了。

（二）数学上的成就

祖暅和他父亲一样，在当时是很有名的数学家，北齐的颜之推就说："算术亦是六艺要事……江南此学殊少，唯范

阳祖咺精之。"

《九章算术》"少广"章载有"开立圆术"一则，是已知球的体积反求其直径的问题。原文是这样的："置积尺数，以十六乘之，九而一，所得开立方除之，即圆径。"通过这一公式计算，球体体积的计算误差太大，较正确的公式大 $\frac{1}{6}$。

《九章算术》中的不精确公式首先被张衡发现，他研究了一番，没能解决问题。三国时刘徽也发现了这个问题，并且花了很大精力去研究。他创造了一个独特的立体几何图形，希望用这个图形以求出球体体积公式，称之为"牟合方盖"。所谓"牟合方盖"是当用圆规从一正立方体的纵横两侧面作内切圆柱体时，两圆柱体的公共部分。刘徽在他的注中对"牟合方盖"有以下的描述：

"取立方棋八枚，皆令立方一寸，积之为立方二寸。规之为圆囷，径二寸，高二寸。又复横因之，则其形有似牟合方盖矣。八棋皆似阳马，圆然也。按：合

盖者，方率也，丸居其中，即圆率也。"

刘徽经过多番努力也没有达到目的，求出 $V = \dfrac{\pi}{4} V_{牟}$，但 $V_{牟}$ 无法求出，只好留待有能之士图谋解决的方法："观立方之内，合盖之外，虽衰杀有渐，而多少不掩。判合总结，方圆相缠，浓纤诡互，不可等正。欲陋形措意，惧失正理。敢不阙疑，以俟能言者。"

二百余年后，祖冲之父子沿着刘徽开辟的道路解决了这一难题。他们先用八个边长为 r 的正立方体组成一个大正

立方体，然后用制作"牟合方盖"的方法把这个大正立方体分割，再取其中一个小正立方体作分析。考虑这个小立方体的横切面，与截得这部分牟合方盖的面积差是一个折角矩形，通过计算发现在高 h 处的截面面积正好是 h^2，对于所有的 h 来说，这个结果也是不变的。祖氏父子便由此出发，他们取一个底部每边之长和高都等于 r 的方锥，倒过来立着，与其进行比较。设由方锥顶点至方锥截面的高度为 h，不难发现对于任何的 h，方锥截面面积也必为 h^2。换句话说，虽

然形状不同，但因它们的体积都可以用截面面积和高度来计算，而在等高处的截面面积总是相等的，所以它们的体积也必然相等。随之，球体体积亦迎刃而解。

由此，祖暅提出了著名的原理："幂势既同，则积不容异。"其中"势"是高，"幂"是面积。这条原理用现代的话来说便是：两个高相等的立体在任意等高处的平截口的面积相等，则它们的体积不能两样。这一原理主要应用于计算一些复杂几何体的体积上面。

球体体积计算的最后解决，是我国数学史上一件重要事情，它不仅有力地说明了我国人民有能力从理论上独立解决实践中提出的数学问题，而且表现出方法的独特性。他们所提出的祖暅原理具有世界意义。在西方，直到17世纪，意大利数学家卡发雷利才于1635年出版

的《连续不可分几何》中，提出了等积原理，所以西方人把它称之为"卡发雷利原理"。其实，他的发现要比我国的祖暅晚一千一百多年。

（三）晚年的挫折

晚年时期，由于祖暅对建筑和土木工程的涉猎，被梁朝任命为掌管官府中的工匠和建筑工程的材官将军。南朝天监十三年（公元 514 年），梁武帝从徐州和扬州征丁，与民工、工匠和士兵合计达二十余万人，修筑所谓浮山堰（在今

安徽省凤阳县东北)，企图壅塞住淮水，
灌没被北魏占领的寿阳城。祖暅等奉命
参与筑堰工程，经现场勘察认为淮河里
的沙土疏松，不适合筑堰。梁武帝置若
罔闻，不顾劳动人民的死活，命令将上
万斤铁器沉于水底，依旧不行，又命令
用木料叠成框，中间以大石块填充，其
上再堆泥土。这使得负责挑石块与木料
的工人肩膀溃烂。次年，由于传染病的
爆发加上天气骤冷使工人死亡无数，尸
横遍野，付出了巨大的代价。在这种情
况下，耗时一年半的浮山堰总算筑成
了。梁朝的军队移驻在这条长九里、阔
一百四十丈、高二十丈的大堰上。寿阳
城果然被冲毁了。而后，南朝天监十五
年 (公元 516 年) 秋，连降大雨，洪水泛滥，
浮山堰崩溃，大水吞没了梁朝沿淮水的
城镇和乡村，数十万人送命，无家可归者
更甚。这个罪责本应由梁武帝承担，但
作为统治者的他却归罪于浮山堰的施工

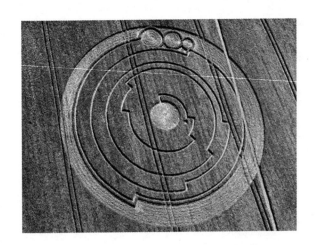

负责人员，祖暅便因此被判入狱。虽然祖暅满腹委屈，但在当时的政治、社会中这也是无可奈何的事情。

祖暅刑满出狱后，投奔梁武帝的儿子豫章王萧综。梁普通六年（公元525年），萧综在彭城（今江苏省徐州市）叛梁降魏，祖暅作为俘虏被囚于北魏重要官吏元延明家中。北魏科学家信都芳很欣赏祖暅的才华，以礼相待，并且借机向祖暅学习，元延明也请祖暅作《欹器漏刻铭》。次年（公元526年），祖暅被送回南朝。

接连的打击与挫折，使得祖暅很难

静下心来从事科学研究。当时，梁朝有人研究目录学，由于不懂科学，遂请祖暅另外编写，"其术数之书，更为一部……祖暅撰其名。故梁有《五部目录》。"目录学家阮孝绪亦曾提及此事。祖暅自己也著有《天文录》和《天文录经要诀》等有关术数方面的书，可惜都早已失传。

祖暅的儿子祖皓也精通天文和数学，而且能文能武。梁武帝末年，任广陵郡（今江苏省江都县）太守。当时北朝降将

侯景又背叛梁朝，起兵攻破建康。祖皓组织反抗，被侯景军打败。侯景用"车裂"酷刑将祖皓杀害。科学世家范阳祖氏到此中断。但是祖氏三代人对于中国天文和数学发展有着不可磨灭的贡献，不仅是我国历史上杰出的科学家，而且在世界科学发展史上也有着重要的地位。虽然他们在研究过程中受到一些挫折，但是他们不畏艰难、勇于探索、坚持不懈的精神永远值得我们去学习，这更是他们留给华夏儿女的最宝贵的财富。